Santorini - Milos
Due meraviglie
delle Isole Greche

Denis Roubien

Questo libro è dedicato al capo del nostro gruppo di escursionismo,
che mi ha fatto scoprire i tesori ancora nascosti di quest'isola,
apparentemente conosciuta (Santorini),
e alla più grande amante di Milos che io conosca

Indice

Santorini
Alla ricerca dell'autentico

Milos
La meraviglia galleggiante dell'Egeo

Introduzione

Ho visitato per la prima volta l'isola di Santorini dieci anni prima del viaggio descritto in questo libro. Allora ho visto ciò che tutti i turisti visitano, che è indubbiamente di una bellezza eccezionale, giustificando la reputazione internazionale di quest'isola. Tuttavia, al di là di questo, ci sono ancora moltissimi tesori nascosti, conosciuti da un numero molto ristretto di iniziati. Ho avuto la fortuna di essere tra questi pochi privilegiati, grazie a Kostas Zarokostas, il capo del gruppo escursionistico di cui faccio parte. Per quanto riguarda Milos, l'ho visitata per la prima volta quando ero molto giovane, insieme ai miei genitori. All'epoca, non ero pienamente in grado di apprezzarne il fascino particolare. Solo di recente ho avuto l'opportunità di vederla nel modo giusto, grazie a un soggiorno di diversi giorni. Questo piccolo libro ha lo scopo di offrirvi uno scorcio di questa ricchezza naturale e culturale e di stimolarvi a scoprirla da soli. Se decidete di farlo, non rimarrete delusi.

Santorini
Alla ricerca dell'autentico

1. Firostefani. Prima vista della caldera

'Mio Dio! Perché sei così ingiusto?'

Questa era l'esclamazione della suocera di una mia amica quando vide per la prima volta Santorini dalla nave. Se considerate che proveniva da una città industriale situata in una vasta pianura dell'Europa settentrionale, potete comprendere perché si lamentò in questo modo.

Quando sentii parlare di questo, avevo visto Santorini solo in foto. Per quanto buone possano essere le foto, non possono mai trasmettere l'impressione dal vivo di una meraviglia naturale unica. Solo anni dopo sono riuscito a comprendere appieno cosa intendeva la suocera della mia amica. Questo avvenne durante la mia prima visita, senza Kostas, il capo del nostro gruppo escursionistico. E pensavo di aver visto Santorini... Fino a quando le nostre escursioni ci portarono finalmente a Santorini.

Poiché il nostro hotel era a Firostefani, uno dei villaggi unificati che formano l'agglomerato della capitale dell'isola, al bordo della caldera, iniziammo con una passeggiata lungo quella che è forse la costa più famosa della Grecia.

La caldera di Santorini, vista da Firostefani, uno dei villaggi unificati che formano l'agglomerato della capitale dell'isola. Il villaggio visibile sullo sfondo è Imerovigli, l'estremità settentrionale dell'agglomerato. A sinistra di esso, la roccia di Skaros, dove si trovava l'antica capitale medievale dell'isola, ora scomparsa

Vedute dai tetti di Firostefani. Sullo sfondo, l'isola di Thirassia. A sinistra, l'isola di Nea Kameni, creata dal vulcano

2

La caldera di Santorini è una baia delimitata dalle diverse isole dell'arcipelago di Santorini, costituita da una caldera sommersa e circondata da scogliere. Questa caldera si formò intorno al 1600 a.C. durante l'eruzione vulcanica che causò la distruzione di parte dell'antica isola, che già possedeva una caldera più piccola. I suoi resti sono le attuali isole di Santorini, Thirassia e Aspronissi.

L'ultima attività vulcanica si verificò nel 1950 d.C. Parti del vulcano di Santorini sono le isole di Palia Kameni (Vecchia Bruciata, creata nel 46-47 d.C.) e Nea Kameni (Nuova Bruciata, creata nel 1707-1711 d.C.), il vulcano sottomarino Kolumbo (attivo, creato nel 1650 d.C.) e le isole Christiana. Santorini fa parte dell'arco vulcanico dell'Egeo ed è caratterizzato come un vulcano attivo insieme a Methana, Milos e Nisyros.

Questa chiesa di Firostefani non vi dice nulla, vero? Eppure, la sua cupola blu, non visibile in questa foto, è l'immagine archetipica della Grecia, che appare in primo piano su tutti i poster di Santorini. D'altra parte, la sua facciata, molto meno tipica, è sconosciuta. Si tratta della chiesa cattolica dell'Assunzione della Vergine, nota come la Vergine dei Santi Teodori. È stata costruita per ospitare un'icona portata intorno al 1570 da un marinaio locale. Poiché proveniva dalla Russia ed era quindi di stile bizantino e realizzata da un pittore ortodosso, gli ortodossi dell'isola ritenevano che appartenesse a loro e la sequestrarono più volte, restituendola ogni volta solo dopo l'intervento del Patriarca di Costantinopoli

2. Il quartiere cattolico. La Santorini dei crociati

Se entrate a Firà, la capitale vera e propria, passando per Firostefani, come noi, attraverserete prima il quartiere cattolico, che occupa il sito più alto, secondo il rango sociale privilegiato dei suoi creatori. Questi erano i membri della nobiltà veneziana che governarono l'isola per secoli e parte della nobiltà greca che adottò il cattolicesimo per avvicinarsi a loro.

Nel 1207, tre anni dopo la conquista dell'Impero Bizantino da parte dei crociati della Quarta Crociata, Marco Sanudo, un nobile veneziano e nipote del Doge Enrico Dandolo, occupò la maggior parte delle Cicladi. Fondò il Ducato dell'Arcipelago e si stabilì a Naxos.

Santorini, come altre isole, era divisa tra diversi aristocratici veneziani che stabilirono il sistema feudale dell'Europa occidentale. I veneziani costruirono cinque cittadelle per proteggere la popolazione dai pirati, che vagavano nel Mar Egeo e costituivano una minaccia continua. Queste cinque cittadelle (chiamate 'kastelli' - 'kastellia' al plurale) erano quelle di Skaros (la capitale), Oia, Pyrgos, Emporio e Akrotiri.

Ogni nobile sfruttava una parte dell'isola. Lì costruiva la sua torre dove risiedeva, per controllare lo sfruttamento delle sue terre. Questa torre era fortificata per resistere a un possibile attacco dei pirati. A Santorini, questa torre è chiamata 'goulas'.

Si può dire che il quartiere cattolico è l'unica parte di Firà ad aver conservato gran parte della sua autenticità e quindi merita di essere esplorato. Il resto della capitale dell'isola è stato completamente ricostruito dopo il terremoto del 1956 e, purtroppo, ha perso il suo carattere.

Il quartiere cattolico di Firà, visto da Firostefani. In primo piano, la chiesa di San Stiliano. Sullo sfondo, a un livello inferiore, il resto della capitale dell'isola

Il monastero dei Lazzaristi, fondato nel 1783

Il primo monumento che incontrammo nel nostro percorso da Firostefani fu il monastero dei Lazzaristi, fondato nel 1783, che ospitava una scuola molto famosa.

Poi, la cattedrale cattolica di San Giovanni Battista, risalente al 1823. Santorini è sede di una diocesi cattolica, il che dimostra la sua importanza ai tempi della dominazione veneziana. Il potere religioso era allora sempre combinato con il potere politico, il che significa che le sedi dei vescovi cattolici erano sulle isole che ospitavano i leader politici (ad esempio, Naxos, un tempo sede del Duca dell'Arcipelago, è ancora sede dell'Arcivescovo di Naxos, Primate di Grecia, che detiene anche il titolo di Metropolita di Tutto l'Egeo).

La cattedrale cattolica di San Giovanni Battista, risalente al 1823

Accanto alla cattedrale si trovano i conventi delle Figlie della Carità e delle Domenicane. Il primo, fondato nel 1841, ospitava una scuola e diverse istituzioni caritatevoli. Quello delle Domenicane, il convento più antico dell'isola, ha la particolarità di accogliere suore di varie nazionalità. Fu fondato nel 1596 a Skaros e trasferito a Firà nel 1811. Il complesso attuale fu costruito tra il 1818 e il 1862.

Sopra, il convento delle Figlie della Carità, risalente al 1841 (a sinistra), e quello delle Domenicane, fondato nel 1596 (sullo sfondo). Sotto, il Palazzo Ghisi, centro culturale della Diocesi Cattolica di Santorini, risalente al 1700

3. Crociera nella caldera. Il vulcano

La mattina successiva, abbiamo fatto la tipica crociera turistica nella caldera e al vulcano, cioè, le isole di Nea Kameni e Palia Kameni.

Isola di Nea Kameni

Oia, il villaggio più famoso di Santorini, visto dal mare durante la crociera nella caldera. Più tardi, lo raggiungeremo attraverso il sentiero da Firà

Firà, vista dal mare durante la crociera nella caldera. Sotto, a sinistra, il promontorio di Skaros, dove sorgeva la capitale medievale

4. Thirassia. La Santorini autentica

Tuttavia, dopo la crociera, abbiamo iniziato la parte più originale del nostro viaggio: una visita a Thirassia. Questa piccola isola, ancora intatta dal turismo, è il luogo ideale per chi desidera vedere com'era Santorini prima del flusso turistico che l'ha trasformata per sempre.

La chiesa di San Demetrio nel villaggio di Potamos (Fiume). La decorazione policroma di questo campanile, così diversa dal bianco e blu esclusivo dell'Egeo (che tuttavia rimane presente), vi ricorderà probabilmente l'America Latina

I primi luoghi d'interesse che abbiamo visto erano alcune chiese con decorazioni policrome (esterne e interne) che ci hanno ricordato quelle dell'America Latina. Poiché chiese di questo tipo non si trovano nemmeno a Santorini stessa, la loro presenza su quest'isola apparentemente isolata e con pochi contatti con il mondo esterno è un mistero che rimane da chiarire.

Un'altra decorazione policroma, questa volta sulla facciata. Santo Spyridon nel villaggio di Potamos, datata 1875

La grandezza di questa chiesa (Presentazione della Vergine, datata 1887) nel villaggio abbandonato di Agrilia (Albero di Oliva Selvatico) rivela che le cose sono state molto diverse per quest'isola, oggi molto scarsamente abitata. Sotto, un forno tradizionale visto dalla stessa chiesa

Agrilia. Avvicinandoci a questa chiesa (Presentazione della Vergine), enorme per Thirassia, vediamo una facciata ancora più policroma, che ha il suo corrispondente nella decorazione dell'interno. Nella pagina successiva, le abitazioni scavate nel terreno vulcanico, come si poteva una volta vedere a Santorini stessa, prima dell'era turistica. Qui possiamo vedere come erano i villaggi cicladici ai tempi della pirateria, quando non erano imbiancati per non essere visti. L'uso della calce all'esterno non fu imposto fino agli anni '30, per motivi igienici

Sopra, l'immagine presentata dal villaggio di Agrilia non deve differire molto dall'immagine di villaggi simili dei tempi preistorici. Sotto, il sentiero che conduce da Manolas, il villaggio principale, alla punta meridionale dell'isola. Possiamo vedere l'uso di pietre provenienti dall'eruzione come materiale da costruzione

Continuando l'escursione da Manolas, il villaggio principale, fino alla punta meridionale dell'isola. In entrambe le foto, in lontananza, possiamo distinguere Oia

La punta meridionale di Thirassia e, in alto, il monastero della Dormizione della Vergine o Panaghia Kera (La Vergine Nostra Signora). A sinistra, il vulcano (Palia Kameni e Nea Kameni). Sotto, la vista dal monastero verso la punta settentrionale dell'isola, vista in lontananza

Il monastero della Dormizione della Vergine

La chiesa della Dormizione della Vergine, al centro del monastero

L'essenza dell'architettura cicladica: una scultura di pietra e calce, scintillante al sole, tra il mare e il cielo

5. La festa del vino. Un altro frammento di autenticità

Questa giornata si è conclusa a Finikia, un villaggio molto vicino a Oia, ma profondamente diverso. La differenza è che, a differenza del suo famoso vicino, questo villaggio sembra essere stato poco toccato dal turismo di massa. A confermare questa autenticità è la festa del vino che si celebra qui.

È la festa di Santa Matrona (20 ottobre), che dura fino al mattino, quando si aprono le botti del vino nuovo dell'anno. Non abbiamo avuto il coraggio di restare fino al mattino, ma abbiamo avuto l'opportunità di partecipare all'unico tradizionale 'panighyri' (festa religiosa accompagnata da musica e danza) ancora presente sull'isola, dove si può ancora vivere l'autentica atmosfera delle Cicladi di un tempo.

Finikia. Un vaso capovolto usato come camino, comune nelle Cicladi

Finikia. Sopra, una kanava, il luogo dove veniva o viene ancora prodotto il famoso vino di Santorini, trasformato in abitazione. È la casa estiva del capo del nostro gruppo. Sotto, la festa di Santa Matrona. Molti archi a botte nascondono kanave

6. Da Firà a Oia. Escursione lungo una meraviglia naturale

Il giorno successivo, abbiamo iniziato il sentiero più lungo del nostro viaggio, da Firà a Firostefani, Imerovigli e Oia.

Firostefani. Spero che non vi aspettate una spiegazione per questo...

Sopra, Nea Kameni. Sotto, Imerovigli

Sopra, Skaros, la capitale medievale dell'isola. L'intera roccia era coperta di edifici nel Medioevo. Sotto, Oia, all'estremità settentrionale di Santorini

Diretti verso Oia. A destra, una cappella cattolica di forma molto insolita

Sopra, guardando all'indietro verso Firà. Skaros è visibile a destra, sullo sfondo. Sotto, la fine della nostra escursione: Finikia in primo piano e Oia sullo sfondo

7. Oia. Il villaggio dei capitani

Finalmente, siamo entrati nella famosa Oia. Infatti, è famosa per il suo tramonto, che attira un numero incredibile di visitatori. Tuttavia, a parte questo, Oia possiede un impressionante insieme di 'kapetanospita' (case dei capitani). Nel XIX secolo, Oia era la terza forza navale della Grecia, dopo le isole di Idra e Spetses, contribuendo in larga misura, come queste, al successo della Rivoluzione Greca del 1821. Tuttavia, per vedere queste case, è necessario lasciare la zona pedonale turistica lungo la caldera e perdersi nei vicoli all'interno del villaggio; pochi turisti lo fanno, a giudicare dal piccolo numero di persone che abbiamo incontrato.

Come noterete, queste case non hanno molto in comune con il resto del villaggio: sono neoclassiche. Quando la Grecia divenne uno Stato indipendente nel 1830, il classicismo fu introdotto dal re bavarese Otto, fervente ammiratore della Grecia antica. Tuttavia, fu osservato più fedelmente dalla classe alta, che voleva essere 'moderna' e 'europea'. Il popolo rimase legato all'architettura tradizionale, che serviva meglio le loro esigenze quotidiane, aggiungendo occasionalmente dettagli neoclassici per non rimanere escluso dalla rinascita della cultura antica nel suo luogo di origine, come il classicismo era visto all'epoca.

Le case di Oia seguono, per lo più, un tipo molto specifico: una porta al centro, fiancheggiata da quattro finestre e una finestra semicircolare sopra di essa. Le aperture sono separate tra loro da pilastri.

I resti della cittadella di Oia, una delle cinque che esistevano a Santorini

Le viste classiche internazionalmente conosciute di Oia

Una delle poche parti veramente autentiche di Oia lungo la caldera, poiché gran parte del villaggio è stata ricostruita dopo il terremoto del 1956

La caduta dell'intonaco ci permette di vedere l'uso delle pietre dell'eruzione come materiale da costruzione

photo by Denis Roubien

photo by Denis Roubien

Una casa neoclassica che si discosta dal tipo proprio di Oia nei dettagli (ma non nell'essenza). Appartiene al tipo più classico di tutta la Grecia e soprattutto della capitale (dettagli più elaborati e di qualità superiore di esecuzione, dallo stucco al cancello del cortile)

8. Mesaria. Un'impressionante patrimonio industriale

Il giorno successivo, abbiamo iniziato con una visita al villaggio di Mesaria, completamente ignorato dai turisti. Peccato, perché possiede un'impressionante serie di case neoclassiche degne di Atene, centro del classicismo greco! Questo è spiegato dal suo passato industriale (il famoso vino e altri prodotti), che portò grande ricchezza ai suoi abitanti, in un'epoca in cui il classicismo era al suo apice in Grecia. Questo stile era allora il simbolo della borghesia alta, che tutti gli altri imitavano secondo le loro possibilità, come abbiamo già visto con le case dei capitani a Oia. Qui, tuttavia, i mezzi dei proprietari hanno permesso una riproduzione della stessa qualità delle residenze della capitale del paese.

photo by Denis Roubien

photo by Denis Roubien

Mesaria. La villa degli Arghyros, una delle famiglie produttrici di vino più importanti dell'isola. È l'unica aperta al pubblico in tutta Santorini

9. Pyrgos. Persi in un labirinto medievale

La nostra prossima tappa è stata il villaggio fortificato di Pyrgos (Torre). La maggior parte degli insediamenti medievali dell'Egeo hanno fortificazioni fortuite. In altre parole, gli abitanti costruivano le loro case vicine le une alle altre, lasciando cieche le pareti esterne. In questo modo formavano una muraglia che li proteggeva dal più grande flagello dell'Egeo per secoli: i pirati. D'altra parte, gli insediamenti fortificati di Santorini sembrano appartenere a quelli costruiti in modo apparentemente fortuito, ma in realtà secondo un piano organizzato e volutamente complicato. Formavano così un labirinto dove gli abitanti potevano muoversi facilmente, ma i pirati, nel caso riuscissero a entrare, si sarebbero persi e intrappolati, e quindi facilmente sconfitti. La cittadella di Naxos, la capitale del Ducato dell'Arcipelago, apparteneva a questo tipo e probabilmente costituiva il modello per altri insediamenti della stessa categoria.

Pyrgos ha un 'kastelli' ben conservato, che è uno dei migliori esempi di questo tipo di complesso abitato, l'altro esempio essendo quello di Emporio. Gli altri tre 'kastellia' sono mal conservati (abbiamo già visto Skaros e Oia).

Attorno alla cittadella di Pyrgos, case neoclassiche chiaramente influenzate dalle case dei capitani a Oia

L'ingresso alla cittadella (kastelli) di Pyrgos. L'insediamento medievale si trova all'interno e tutto ciò che lo circonda è posteriore, costruito dopo la creazione dello Stato Greco nel 1830, che segnò la fine della pirateria nel Mar Egeo

Lo spazio limitato risultante dalla loro concentrazione all'interno delle mura costrinse gli abitanti a trovare soluzioni per creare spazio per tutti. Così, le case furono estese sopra la strada e crearono passaggi coperti.

Nel labirinto della cittadella. Uno dei tanti passaggi coperti, che forniva spazio aggiuntivo dall'alto. Questo era necessario nello spazio ristretto di un insediamento medievale, dove le case erano attaccate l'una all'altra per creare una muraglia a protezione contro i pirati. Arriviamo a una 'radura', che si rivela essere il cortile di una chiesa

Il cortile della chiesa della Dormizione della Vergine (Theotokaki, che significa piccola Vergine)

Ancora, la chiesa della Dormizione della Vergine

La chiesa della Presentazione della Vergine

photo by Denis Roubien

Dopo aver lasciato l'insediamento fortificato, abbiamo attraversato nuovamente il villaggio moderno che lo circonda. Parte della muraglia della cittadella è visibile sullo sfondo

10. Thera. La città antica

Prossima tappa: l'antica Thera. La celebrità della città preistorica di Akrotiri spesso ci fa dimenticare che Santorini era importante anche in epoca storica. La sua capitale era Thera, che porta il nome antico dell'isola, quando fu colonizzata dagli Spartani nell'VIII secolo a.C., dopo essere rimasta disabitata per secoli, a causa dell'eruzione del XVII secolo a.C.

La città è raggiungibile tramite scale sulla collina montuosa. Nella sua forma attuale, conserva principalmente resti dell'epoca ellenistica e romana, poiché la continua abitazione non ha lasciato molte tracce dei primi secoli di esistenza della città.

La cappella di Santo Stefano, costruita con materiali antichi nell'VIII secolo d.C.: A quel tempo, le incursioni arabe costrinsero gli abitanti dell'isola a cercare rifugio nella città antica in rovina, che avevano abbandonato nel III secolo d.C. per la costa, che allora era più sicura. La bassa qualità della costruzione riflette il declino dello standard di vita rispetto all'antichità

Vista di Kamari, a nord-est di Thera. Era uno dei due porti della città antica

L'agorà (mercato)

L'agorà (mercato)

Case e botteghe

Il teatro

Vista di Perissa, a sud-est di Thera, l'altro porto della città antica

Un serbatoio sotterraneo appartenente al santuario di Apollo Karneios

11. Vlychada. Un'altra meraviglia naturale

La nostra giornata è terminata sulla spiaggia di Vlychada, sulla costa meridionale di Santorini. Qui abbiamo visto un'altra meraviglia naturale, ingiustamente molto meno famosa della caldera. D'altra parte, questo significa che, anche in estate, è molto meno affollata e quindi più piacevole. Poiché sembra impossibile descriverla, il lettore è lasciato a giudicare dalle foto.

Ultima luce del giorno nella caldera

12. Emporio. Il gioiello architettonico sconosciuto

Il giorno successivo è iniziato con una visita al più interessante dei 'kastellia' di Santorini, Emporio. Questo insediamento fortificato iniziò a prendere forma intorno al 1450. Qui, come in tutte le cittadelle di Santorini, appena fuori dall'ingresso o a breve distanza da esso, si trovava una chiesa di Santa Teodosia, protettrice delle fortificazioni.

Il 'goulas' (torre difensiva), situato al di fuori della cittadella, risale al XV o XVI secolo. Doveva essere stato costruito quando la cittadella aveva già iniziato a formarsi. La torre probabilmente serviva a immagazzinare prodotti agricoli e proteggere i contadini. Apparteneva alla famiglia D'Argenta.

Dopo il XVII secolo, quando la pirateria iniziò a declinare, la torre divenne una dipendenza del monastero di San Giovanni Evangelista di Patmos (uno dei più importanti dell'Egeo, poiché si crede che lì sia stato scritto l'Apocalisse) e alcuni dei suoi monaci vi risiedettero.

Il 'goulas' (torre difensiva) di Emporio, al di fuori del 'kastelli' (cittadella)

La scuola primaria neoclassica

La chiesa della Trasfigurazione, risalente al XIX secolo

photo by Denis Roubien

L'ingresso alla cittadella più impressionante di Santorini. Dopo essere entrati, ci siamo persi nel più bello labirinto di vicoli tortuosi

Anche qui, come a Pyrgos, si possono vedere molti passaggi coperti, che forniscono spazio aggiuntivo dall'alto, nell'area limitata degli insediamenti fortificati dell'Egeo

photo by Denis Roubien

photo by Denis Roubien

La chiesa di Palia Panaghia (Vecchia Vergine Maria), probabilmente costruita nel XVI secolo

photo by Denis Roubien

photo by Denis Roubien

photo by Denis Roubien

Il campanile della Vecchia Vergine Maria

photo by Denis Roubien

photo by Denis Roubien

Art Studio
photo by Denis Roubien

photo by Denis Roubien

photo by Denis Roubien

photo by Denis Roubien

13. Akrotiri. La Pompei greca

Questi sono i resti della cittadella (kastelli) di Akrotiri. In epoca medievale, Akrotiri era una delle cittadelle dell'isola ed era chiamata La Ponta. Al centro dell'insediamento si trovava il goulas (torre difensiva), che subì gravi danni durante il terremoto del 1956, sebbene fosse rimasto in ottime condizioni fino ad allora. Nel 1336, il Duca dell'Arcipelago Niccolò Sanudo concesse Akrotiri alla famiglia Gozzadini, originaria di Bologna. Il fatto che provenissero da questa città italiana e non da Venezia, in guerra con l'Impero Ottomano, associato alla capacità difensiva della cittadella, permise alla famiglia Gozzadini di mantenere il possesso anche dopo che il resto di Santorini fu conquistato dai Turchi, nel 1537. Infine, la cittadella passò agli Ottomani solo nel 1617

La visita all'isola si concluse con la sua attrazione più unica e spettacolare: la città preistorica di Akrotiri (chiamata così dal vicino villaggio), la Pompei della Grecia. Si tratta di una città sepolta dall'eruzione del vulcano alla fine del XVII secolo a.C.

Il sito scavato, che è visitabile (14 acri), rappresenta solo una parte della città preistorica, la cui esatta estensione non è nota, poiché gli scavi, iniziati in modo sistematico solo nel 1967, continuano.

Le informazioni sull'occupazione di Thera in epoca preistorica cominciarono a emergere nella seconda metà del XIX secolo, quando nel

1866 furono scoperte antichità preistoriche a causa dell'uso della terra vulcanica da parte dell'ingegnere francese Ferdinand de Lesseps per isolare le pareti del canale di Suez.

Il professore Spyridon Marinatos iniziò gli scavi ad Akrotiri per dimostrare una sua vecchia teoria, pubblicata nel 1939 quando era ispettore delle antichità a Creta. Secondo questa teoria, l'eruzione del vulcano di Santorini causò il crollo della civiltà minoica di Creta.

La datazione iniziale dell'esplosione si basava su studi comparativi della ceramica e su fonti egiziane, stimando che l'eruzione vulcanica che distrusse la città avvenne intorno al 1500 a.C. Tuttavia, la datazione assoluta, effettuata tramite il carbonio radioattivo e la dendrocronologia, ha spostato la data di 100-150 anni indietro, mentre la datazione più recente tramite carbonio radioattivo di un ramo d'ulivo sepolto dalla cenere dell'esplosione colloca l'evento tra il 1627 e il 1600 a.C., con l'intervallo tra il 1614 e il 1613 a.C. come il più probabile. La nuova datazione dimostra la non connessione dell'esplosione con la distruzione della civiltà minoica, che avvenne molto più tardi, nel XV secolo a.C., ed è stata più un fenomeno di decadenza.

Si ritiene che la cosiddetta 'eruzione minoica' di Thera sia stata ancora più potente di quella del vulcano Krakatoa (Indonesia) nel 1883. A causa della grande potenza dell'eruzione, che provocò enormi cambiamenti geologici sull'isola e l'emergere del cono vulcanico di Nea Kameni (dove oggi si trova il cratere vulcanico), e anche a causa della forma dell'isola (che ricorda una mezzaluna), Thera è stata collegata al mito di Atlantide sommersa, come descritto da Platone. Si crede che il periodo dell'eruzione fosse la primavera, poiché sono stati scoperti granuli di polline di ulivi e alberi di conifere nel materiale dello strato di esplosione.

Secondo i risultati degli scavi, si sa che l'area di Akrotiri fu abitata per la prima volta intorno al 4500 a.C. e si era evoluta in una città nel XVIII secolo a.C. All'inizio del XVII secolo a.C., i terremoti causarono molti danni, ma molti degli edifici furono riparati e altri rimasero invariati, mentre nuovi edifici furono costruiti vicino a quelli vecchi e la città si ampliò. L'insediamento fiorì alla fine del periodo cicladico fino a quando non fu sepolto dall''eruzione minoica'. Allo stesso tempo, i nuovi palazzi erano in piena attività nella Creta minoica.

La posizione di Akrotiri era ideale per un porto sicuro, poiché era protetta dai venti del nord, mentre la morfologia del suolo favoriva lo sviluppo dell'agricoltura. Si pensa che fosse la capitale dell'isola, ma questo non è stato ancora confermato.

Il gran numero di affreschi che decorano molte delle stanze degli edifici, di solito ai piani superiori, rivela una società borghese sviluppata e sofisticata, che vestiva con lusso, eleganza e un'impressionante ricchezza di colori.

Il fatto che nella città non sia stato trovato nemmeno un singolo scheletro umano rivela che una serie di terremoti premonitori ha permesso agli abitanti di lasciare la città in tempo. In ogni caso, prima che la città fosse sepolta dalle pietre e dalle ceneri dell'eruzione vulcanica, essa fu colpita da un grande terremoto, ma ciò non portò all'abbandono immediato della città.

Tuttavia, altri fenomeni precursori dell'esplosione vulcanica costrinsero gli abitanti a fuggire, come dimostra il fatto che i lavori di sgombero delle strade non furono mai completati, mentre un gran numero di vasi è stato trovato su cumuli di macerie, dove, apparentemente, erano stati temporaneamente collocati per essere spostati in luoghi più sicuri.

Inoltre, si raccolgono indizi sullo stato di emergenza che prevaleva in quei giorni nella città, nonché sulla convinzione degli abitanti che un giorno sarebbero tornati nelle loro case, dai vasi di argilla, dai tessuti e dagli utensili di vari materiali trovati accumulati sotto le porte o in nicchie delle stanze.

Non ci sono prove su dove siano fuggiti gli abitanti. Tuttavia, il tempo trascorso tra il grande terremoto e l'eruzione non dovrebbe superare poche settimane, mentre il periodo dalle prime esplosioni alla creazione della caldera è stimato in due o tre giorni.

Le successive ondate di pomice e cenere trascinarono i tetti e le parti superiori degli edifici del insediamento. Dopo l'eruzione e la deposizione dei materiali vulcanici che portarono alla sepoltura della città, seguirono piogge torrenziali che causarono l'erosione della pomice e della cenere e, in molti casi, raggiunsero persino il terreno precedente all'eruzione. Questa pioggia trasferì fango fluido ai piani terra degli edifici, il che portò alla conservazione sia del loro contenuto che, in molti casi, dei pavimenti dei livelli superiori.

Il tessuto urbano era denso e consisteva in edifici di due o tre piani con diverse stanze, magazzini organizzati, laboratori e un eccellente sistema urbanistico con strade, piazze e un sistema di drenaggio.

Gli edifici più ricchi erano costruiti con pietre scolpite ricavate da rocce vulcaniche con una superficie particolarmente ruvida. Gli altri edifici erano realizzati con pietre irregolari per le pareti esterne, mentre le pareti interne più leggere dei piani superiori erano costruite con mattoni di fango rinforzati con paglia, legno e intonaco. Le fondamenta erano generalmente poco profonde e spesso vi era un riempimento artificiale.

I pavimenti delle stanze al piano terra erano fatti di terra pressata o lastre di scisto, e in un caso di conchiglie rotte (dei molluschi marini che producevano il rosso di Tiro) e ciottoli neri, mentre quelli dei piani superiori erano realizzati in legno e canne, con terra pressata sopra, nella quale spesso venivano inseriti scisto o ciottoli. Anche i tetti erano costruiti con legno e canne, coperti di terra pressata, che fungeva da isolante, garantendo freschezza in estate e calore in inverno.

Le stanze al piano terra venivano utilizzate come magazzini, officine o mulini, mentre i piani superiori erano riservati agli alloggi. Nelle case più ricche, spesso le pareti dei piani superiori erano decorate con affreschi. Le strade erano pavimentate e il drenaggio degli edifici era assicurato tramite tubi di argilla inseriti nelle pareti, che terminavano in fognature costruite sotto le strade acciottolate.

Il gran numero di affreschi rinvenuti durante gli scavi è una preziosa fonte di informazioni sulla vita quotidiana ad Akrotiri, sulla religione e sulla natura dell'isola. Questi affreschi sono stati realizzati principalmente con la tecnica del 'fresco', ovvero l'opera veniva eseguita sull'intonaco ancora fresco. Questo ha permesso ai colori di rimanere indelebili. Tuttavia, spesso l'intonaco si asciugava prima che il lavoro dell'artista fosse completato, costringendolo a continuare il suo lavoro su un muro asciutto. In questi punti, la protezione degli affreschi viene oggi assicurata con mezzi chimici. I dettagli venivano aggiunti successivamente.

Con grande sorpresa degli scienziati, il metodo spettroscopico ha rivelato che il colore violetto presente in alcuni dettagli della composizione murale con i raccoglitori di zafferano derivava dal trattamento dei molluschi marini che producevano il rosso di Tiro. Questo dimostra che il livello di competenza e cultura dell'isola era particolarmente elevato. I temi delle pitture murali erano particolarmente originali, ispirati per lo più al mondo vegetale e animale, ma includevano anche scene narrative con persone, esseri mitologici e divinità. Tra questi, vi erano i cosiddetti affreschi in miniatura, grandi pitture (fregi) con figure di piccole dimensioni poste in alto sulle pareti.

In quasi tutti gli edifici scavati ad Akrotiri, sono stati trovati affreschi più antichi rispetto a quelli che adornavano le pareti al momento dell'eruzione vulcanica. Questo indica che la decorazione interna con affreschi era una pratica consolidata, probabilmente già dall'inizio del XVII secolo a.C.

Lo strato di cenere e pomice che ha ricoperto l'insediamento dopo l'eruzione ha creato l'ambiente ideale, privo di ossigeno, per la conservazione dei materiali deperibili. Di conseguenza, Akrotiri è uno dei pochi luoghi in Grecia che conserva testimonianze delle arti preistoriche come la lavorazione del legno, l'intaglio, la tessitura di cesti e la costruzione di strumenti musicali—arti essenzialmente sconosciute nella ricerca moderna dell'Egeo preistorico o conosciute solo indirettamente attraverso rappresentazioni artistiche e riferimenti nei documenti micenei in scrittura Lineare B.

La conservazione degli oggetti fatti di materiali deperibili ad Akrotiri è stata in alcuni casi facilitata dalla loro parziale carbonizzazione. In situazioni in cui i materiali si sono infine decomposti, spesso sono rimaste cavità o impronte di forme simili nel materiale vulcanico. Riempendo tali cavità con gesso durante lo scavo, si possono ottenere calchi fedeli degli oggetti decomposti, permettendo di recuperare e studiare dettagliatamente questi antichi manufatti. Le testimonianze più importanti riguardanti la creazione di manufatti deperibili ad Akrotiri includono i calchi dei letti, il calco di un tavolo con gambe scolpite, una coppia di sonagli di legno decorati con rilievi di uccelli e zafferano, e un gran numero di impronte e pezzi carbonizzati di cesti intrecciati.

A causa della decomposizione dei materiali organici, principalmente legno, utilizzati nella costruzione degli edifici, la rimozione dei depositi vulcanici ha messo a rischio il crollo delle strutture, che hanno quindi dovuto essere sostenute. Durante gli scavi condotti da Spyridon Marinatos, si decise di iniettare cemento armato nelle cavità create nelle pareti degli edifici esposti. In molti casi, i telai di porte e finestre in legno vennero sostituiti da cemento dipinto di marrone, con nodi disegnati per simulare il legno, al fine di offrire ai visitatori un'immagine il più possibile vicina a quella dell'edificio prima dell'eruzione. In casi meno frequenti, vennero costruiti pilastri di supporto esterni in cemento armato.

I reperti degli scavi suggeriscono che la società di Akrotiri non fosse governata da un monarca, ma da un'élite che operava principalmente in due settori: il commercio marittimo e l'artigianato. L'agricoltura nella zona circostante non era sufficiente a soddisfare le necessità della popolazione numerosa. Le navi raffigurate negli affreschi sembrano capaci di compiere lunghi viaggi, e il porto di Akrotiri doveva essere uno dei più importanti dell'epoca.

In frammenti di iscrizioni si segnala una quantità estremamente grande di tessuti, il che porta alla conclusione che l'insediamento fosse un centro di raccolta e lavorazione della lana prodotta dalle isole vicine, probabilmente Ios, Sikinos, Folegandros e Anafi. Allo stesso tempo, sono state trovate fibre di lana ad Akrotiri, che, secondo le analisi di laboratorio, sono le prove più antiche conservate dell'uso della lana nel Mediterraneo, eccetto in Egitto, dove si trovano reperti simili.

Gli abitanti dell'insediamento avevano sviluppato una tecnologia del fuoco molto avanzata, e l'uso del fuoco si ritrova sia nelle abitazioni che nelle attività economiche e religiose. Già dall'inizio del terzo millennio a.C., ad esempio, si riscontra la presenza di fornelli permanenti e portatili, forni mobili o fissi, cenere e carbone, vassoi, griglie e supporti per spiedi, bracieri e piastre per cuocere torte. I reperti dimostrano anche la coltivazione dell'uva e la produzione di vino.

Il sito archeologico è protetto da un tetto bioclimatico di fama internazionale, con eccellenti proprietà nel controllo delle condizioni climatiche dell'area, grazie alla cenere vulcanica che lo ricopre. In estate, quando il sito accoglie il numero più alto di visitatori e la temperatura ambiente è troppo alta a causa della latitudine e della mancanza di vegetazione, il tetto può abbassare la temperatura dello spazio coperto fino a 8 gradi.

Vista del sito archeologico con il suo tetto bioclimatico

I telai di legno distrutti di porte e finestre sono stati sostituiti da cemento armato per preservare gli edifici che emergono durante gli scavi

Calchi dei letti

Akrotiri, il 'fresco della flotta'. È lungo quasi quattro metri e alto quarantaquattro centimetri. Raffigura una flotta di sette grandi navi, sei canoe e una barca a remi. Mostra una città sul mare con una collina che sorge dietro di essa; una coppia di cervi corre tra gli alberi, inseguita da un leone. Museo Archeologico Nazionale, Atene. Dominio pubblico, via Wikimedia Commons {{PD-US-expired}}

Akrotiri, il fresco dei raccoglitori di zafferano. Museo Archeologico Nazionale, Atene. Dominio pubblico, via Wikimedia Commons {{PD-US-expired}}

Dopo la visita ad Akrotiri, il nostro viaggio a Santorini si è concluso ed era tempo di tornare a casa. Abbiamo preso la nave per il Pireo, convinti che anche il luogo più turistico può diventare una rivelazione per il viaggiatore che desidera andare oltre i luoghi comuni e esplorarlo davvero. E, invece dell'esclamazione della suocera della mia amica, abbiamo detto: 'Grazie a Dio abbiamo avuto la fortuna di essere tra i pochi privilegiati che hanno veramente scoperto questa meraviglia'.

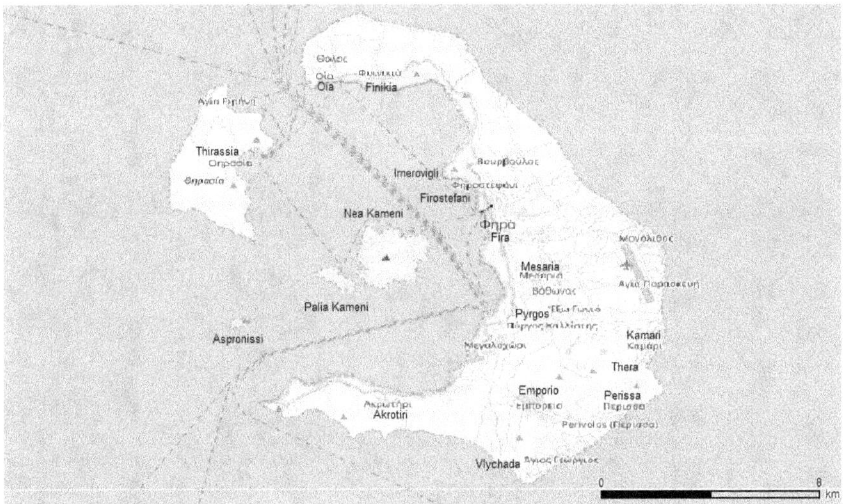

Mappa di Santorini

Milos
La meraviglia galleggiante
dell'Egeo

1. Milos. Una meraviglia geologica galleggiante

Siete arrivati a Milos? Andate subito a prendere una delle navi che fanno il giro dell'isola. Perché, se si alza il vento e non fate il tour via mare, avete perso tutto! Non avete visto nulla.

Perché Milos ha, naturalmente, tutte le bellezze che vi aspettate di trovare su un'isola delle Cicladi. In questo non vi deluderà affatto. Tuttavia, oltre a ciò, ha anche qualcosa di unico. A causa della sua origine vulcanica, è una meraviglia geologica galleggiante: ha coste di una ricchezza geologica unica e una varietà di paesaggi altrettanto unica. Inoltre, la maggior parte dei punti è accessibile solo via mare. Quindi, partite subito e vedrete le seguenti meraviglie, nell'ordine in cui le navi che girano l'isola le incontrano.

2. Kleftiko. La base dei pirati

Kleftiko comprende probabilmente le immagini più famose di Milos. Le parole sono superflue. Qui vale più che mai il detto 'un'immagine vale più di mille parole'. Nelle sue innumerevoli grotte, un tempo si nascondevano i pirati, ed è per questo che ha preso questo nome (kleftis significa ladro in greco). Oggi è un rifugio per yacht. Non mancate di tuffarvi dalla nave. Preferibilmente con una maschera. Capirete perché...

photo by Denis Roubien

photo by Denis Roubien

Fyriplaka. Una spiaggia accessibile anche via terra

Sopra, Tsigrado. Un'altra spiaggia accessibile anche via terra. Sotto, Gerakas

Paleochori. Una delle spiagge più affollate. Qui potete mangiare cibi cotti in pentole sepolte nella calda sabbia vulcanica!

Glaronisia (isole dei gabbiani). Alcune delle formazioni geologiche più strane di Milos

3. Sarakiniko. Quando la Luna cadde nell'Egeo

La nave raggiunge la seconda immagine più conosciuta di Milos dopo Kleftiko: Sarakiniko. Inoltre, questo nome suggerisce che fosse un rifugio per pirati (Sarakinos significa saraceno). Tuttavia, a differenza di Kleftiko, è anche accessibile via terra. Ma dovete vederlo anche dal mare. Penserete di essere sulla Luna, ma su una Luna con l'acqua.

4. I 'syrmata'

Man mano che il tour di Milos si avvicina alla fine, vedrete i 'syrmata'. Sono vecchie abitazioni dei pescatori (al piano superiore), con spazio per la barca al piano terra. Oggi, naturalmente, sono affittate ai turisti. Il loro retro è scavato nella morbida roccia vulcanica. L'immagine multicolore dei gruppi di syrmata è anche tra le più caratteristiche di Milos.

Fyropotamos. Un insediamento di 'syrmata'

Arkoudes (Orsi). Un'altra formazione geologica unica

5. Klima (Vite). La città di Afrodite

Sopra, Klima. Plaka si estende lungo la cresta. Sotto, il teatro romano di Klima. Foto di Zde / CC BY-SA (https://creativecommons.org/licenses/by-sa/4.0)

L'ultima tappa prima del completamento del tour dell'isola è a Klima (Vite). Qui vedrete il più grande gruppo di syrmata, sotto Plaka, la capitale di Milos.

Tuttavia, Klima era anche l'antica capitale dell'isola, fondata dai Dori e che sostituì la preistorica Phylakopi dopo il suo abbandono nel 1100 a.C. Molti resti antichi si trovano qui, in particolare un ben conservato teatro romano. Inoltre, la famosa Afrodite di Milos, attualmente al Museo del Louvre di Parigi, fu trovata qui.

Afrodite di Milos. Foto di Mattgirling [CC BY-SA 3.0 (https://creativecommons.org/licenses/by-sa/3.0)]

Afrodite di Milos, meglio conosciuta come la Venere di Milo, è una statua greca antica e una delle opere più famose della scultura greca antica. Inizialmente si attribuiva al scultore Prassitele. Tuttavia, da un'iscrizione che era sulla sua base, si pensa che la statua sia l'opera di Alessandro di Antiochia. Creata tra il 130 e il 100 a.C., la statua è ritenuta raffigurare Afrodite, la dea greca dell'amore e della bellezza (Venere per i Romani). È una scultura in marmo, leggermente più grande del naturale, alta 203 cm.

Fu trovata mutilata e la dea teneva nella mano sinistra una mela o uno specchio, oppure teneva lo scudo di Marte con entrambe le mani. Altri pensano che fosse pronta a fare il bagno. Riguardo le sue braccia, c'è un mito che esse si siano rotte durante una scaramuccia tra archeologi francesi e greci durante il trasferimento della statua, ma ciò non è vero perché l'opera era stata trovata fin dall'inizio senza braccia.

Ciò che è probabilmente vero è che parti delle braccia furono trovate in luoghi diversi e che la mano sinistra teneva una mela ma andò persa durante il trasporto; oppure che, durante la scaramuccia (che effettivamente avvenne per acquisirla), alcuni dei pezzi che accompagnavano la scultura (come la mano sinistra) caddero in mare dalle rocce e si persero per sempre.

È generalmente affermato che l'Afrodite di Milos fu scoperta l'8 aprile 1820, quando l'isola faceva parte dell'Impero Ottomano, da un contadino di nome Giorgio Kentrotas, all'interno di una nicchia sepolta tra le rovine della città antica di Milos.

Altrove, i scopritori sono identificati come Giorgio Bottonis e suo figlio Antonio. Paul Carus descrive il sito della scoperta come 'le rovine di un antico teatro nei pressi di Kastro, la capitale dell'isola', aggiungendo che Bottonis e suo figlio 'inciampano accidentalmente in una piccola grotta, accuratamente coperta con una pesante lastra e nascosta, che conteneva una fine statua di marmo in due pezzi, insieme a diversi altri frammenti di marmo. Questo avvenne nel febbraio del 1820'. Apparentemente, si basò su un articolo letto nella *Century Magazine*.

Lo storico australiano Edward Duyker, citando una lettera scritta da Louis Brest, il console francese a Milos nel 1820, afferma che il scopritore della statua era Teodoro Kentrotas, confuso con il figlio minore Giorgio, che successivamente rivendicò il merito della scoperta. Duyker afferma che Kentrotas stava prelevando pietre da una cappella in rovina ai confini della sua proprietà – terrazzamenti che una volta facevano parte di un ginnasio romano – e che scoprì una cavità oblungata nel tufo vulcanico. Fu in questa cavità, che aveva tre ali, che Kentrotas notò per primo la parte superiore della statua.

Ciò che è certo è che la statua fu trovata in due grandi pezzi (il torso superiore e le gambe drappeggiate inferiori) insieme a diversi erme (pilastri sormontati da teste), frammenti del braccio superiore sinistro e della mano sinistra che teneva una mela, e una base iscritta, anch'essa perduta.

I 'syrmata' di Klima

107

photo by Denis Roubien

photo by Denis Roubien

6. Adamas. La trascurata

Ora che avete completato il tour via mare, è tempo di scoprire Milos via terra. La nave vi riporterà ad Adamas, il punto di partenza.

Il porto di Adamas

Non commettete l'errore di lasciarvi ingannare dalla vista del porto e ignorarlo. Il vecchio villaggio, più arretrato, è degno delle Cicladi ed è sicuramente meritevole di una visita.

Ai margini del porto, non dimenticate di visitare il Museo Minerario, esemplare e estremamente interessante. Un museo del genere è davvero necessario in questa meraviglia geologica dell'Egeo.

Panaghia Portiani (Madonna della Porta)

Il centro culturale di Adamas

Adamas. La chiesa della Santissima Trinità. Ospita il Museo Ecclesiastico

7. Le omissioni del viaggio. Phylakopi e Papafragas

Se vi addentrate nell'entroterra, vedrete due luoghi che avete visto da lontano mentre circumnavigavate l'isola, ma che non avete notato, perché non sono facilmente visibili da distanza.

Uno è l'antica città di Phylakopi, di cui si è parlato in precedenza. È uno dei siti archeologici preistorici più importanti della Grecia. I suoi resti coprono tutta l'età del bronzo (3000-1100 a.C.). Fu costruita sulla costa settentrionale dell'isola, per permettere il controllo di una grande parte del mare.

Le Cicladi occupavano una posizione di rilievo nella Preistoria, grazie alla loro posizione centrale nel Mar Egeo. Le isole dell'Egeo fungevano da ponte tra Europa e Asia e traevano beneficio dalle attività commerciali tra queste terre, i loro porti accogliendo le navi che garantivano tale commercio. Il III millennio a.C., ovvero l'Era del Bronzo Antico, fu l'epoca della cosiddetta civiltà cicladica, che creò le famose e straordinarie statuette cicladiche. Queste opere d'arte in marmo bianco locale colpiscono con le loro forme astratte, che hanno ispirato molti artisti moderni. All'epoca, le Cicladi avevano una popolazione densa, stabilitasi in piccoli insediamenti lungo le coste delle isole, e Milos conobbe una particolare prosperità.

Tuttavia, gli insediamenti della civiltà cicladica ebbero una fine violenta, che portò all'interruzione di questa creazione artistica. Intorno al 2000 a.C., le Cicladi iniziarono a essere influenzate dalla civiltà minoica di Creta, il nuovo potere emergente nel Mar Egeo. Questo portò a un nuovo periodo di prosperità nelle Cicladi, che terminò con il declino di Creta intorno al 1500 a.C. e l'arrivo dei Micenei, che dominarono l'ultima fase dell'età del bronzo in Grecia (periodo miceneo, 1600-1100 a.C.), fino all'arrivo dei Dori, che misero fine alla civiltà micenea.

Grazie al commercio dell'ossidiana, una pietra da cui erano realizzati molti strumenti preistorici (l'ossidiana è un vetro vulcanico naturale formato come roccia ignea estrusiva), Phylakopi si sviluppò in un importante centro commerciale e culturale, con mura ciclopiche. Fu distrutta e ricostruita tre volte e definitivamente abbandonata nel 1100 a.C., con l'arrivo dei Dori, che colonizzarono Milos e costruirono la capitale che abbiamo visto a Klima. Oggi, la parte più grande della città giace sotto la superficie del mare, ma è ancora possibile vedere le mura, il santuario e il palazzo. C'è anche un museo molto interessante, con reperti di estrema importanza archeologica.

L'altro punto che non è ben visibile durante il tour via mare è Papafragas. È una grotta marina, chiamata così in onore di un sacerdote cattolico (papas = sacerdote, Frangos = Franco = cattolico per i greci medievali) che teneva qui la sua barca. Se non c'è vento da nord, è possibile nuotare.

Le rovine di Phylakopi, ai margini della scogliera. Metà della città è sommersa nel mare

114

Sopra, affresco minoico di Phylakopi (lavoro di dominio pubblico, {{PD-1923}}).
Sotto, Papafragas, con vento da nord

Papafragas, con vento da nord

8. Plaka. La fine ideale dei tour dell'isola

Il luogo ideale per concludere i vostri tour a Milos è la capitale dell'isola, Plaka.

Da un lato, perché qui sono concentrati i migliori ristoranti, caffè e bar. Quindi, potete rilassarvi dopo una giornata di tour o dopo i bagni di mare sotto il sole implacabile delle Cicladi.

Dall'altro lato, perché qui vedrete il tramonto più bello di Milos.

Nelle vicinanze, nel villaggio di Trypiti, si trovano le famose catacombe paleocristiane. Sono uniche per dimensioni in tutta la Grecia e forse il monumento cristiano più antico al mondo, poiché risalgono al II secolo d.C. Furono il primo luogo di raduno dei primi cristiani e furono utilizzate come cimitero comunale per la prima volta alla fine del II secolo d.C.

Tuttavia, tutto fu sepolto sotto enormi volumi di rocce dopo i terremoti del VI secolo d.C. e divenne una leggenda nel corso dei secoli. Fino al 1843, quando il primo scavo al monumento fu effettuato dal professore tedesco di archeologia Ludwig Ross, che si precipitò non appena fu scoperta l'entrata. Tuttavia, si rese conto che i ladri lo avevano preceduto...

Le catacombe di Milos. Foto di Vihou World / CC BY-SA
(https://creativecommons.org/licenses/by-sa/4.0)

Le catacombe di Milos. Foto di Klearchos Kapoutsis da Santorini, Grecia / CC BY (https://creativecommons.org/licenses/by/2.0)

photo by Denis Roubien

Panaghia Korfiatissa (Madonna del Picco)

ΕΡΓΑΣΤΗΡΙΟ
ΚΟΣΜΗΜΑΤΟΣ & ΚΕΡΑΜΙΚΗΣ
Έλλη
photo by Denis Roubien

Il Museo Archeologico di Milos. Una 'dissonanza' neoclassica tra l'architettura tradizionale tipica delle Cicladi. Quando la Grecia divenne uno Stato indipendente nel 1830, il classicismo doveva costituire il legame con il passato antico. Pertanto, gli edifici pubblici furono realizzati secondo questo stile e le classi superiori lo adottarono con entusiasmo nelle loro residenze. D'altra parte, il resto della popolazione integrava solitamente alcuni elementi caratteristici nell'architettura tradizionale insistente, che era meglio adattata alle condizioni climatiche del paese e ai mezzi finanziari dei proprietari. Poiché le Cicladi erano isole di ricchezze particolarmente limitate, qui l'architettura neoclassica era solitamente limitata alle strutture pubbliche e a pochissime case dei cittadini più ricchi. Le eccezioni erano le isole degli armatori, Syros e Andros

Panaghia Thalassitra (Madonna del Mare)

La chiesa cattolica della Madonna delle Rose. Milos, come la maggior parte delle isole delle Cicladi, ha una comunità cattolica, a causa della lunga dominazione veneta, risultato della 4ª crociata. La dominazione veneta durò dal 1207 al 1566. Durante questo periodo, Milos faceva parte del Ducato dell'Arcipelago, fondato dal nobile veneziano Marco Sanudo, con Naxos come capitale. Nel 1566, alla morte dell'ultimo Duca, le Cicladi furono ufficialmente incorporate nell'Impero Ottomano, che in effetti le aveva già conquistate dal 1537, ma lasciando il Duca al suo posto

Parte della casa è sopra la strada, come soluzione elegante alla mancanza di spazio nei centri abitati medievali dell'Egeo. A causa della minaccia dei pirati, gli insediamenti erano fortificati, il che portò alla concentrazione della popolazione in uno spazio molto limitato. Questo, a sua volta, portò a questi passaggi ad arco, così caratteristici di questi insediamenti

Ai tempi della pirateria, le case non avevano scale esterne, per motivi di sicurezza, e i due piani comunicavano attraverso una ripida scala di legno interna. Quando la pirateria fu eliminata, dopo la creazione del nuovo Stato greco nel 1830, la mancanza di spazio portò a questa soluzione, per collegare esternamente i due piani

photo by Denis Roubien

photo by Denis Roubien

photo by Voula Papaioannou

photo by Denis Roubien

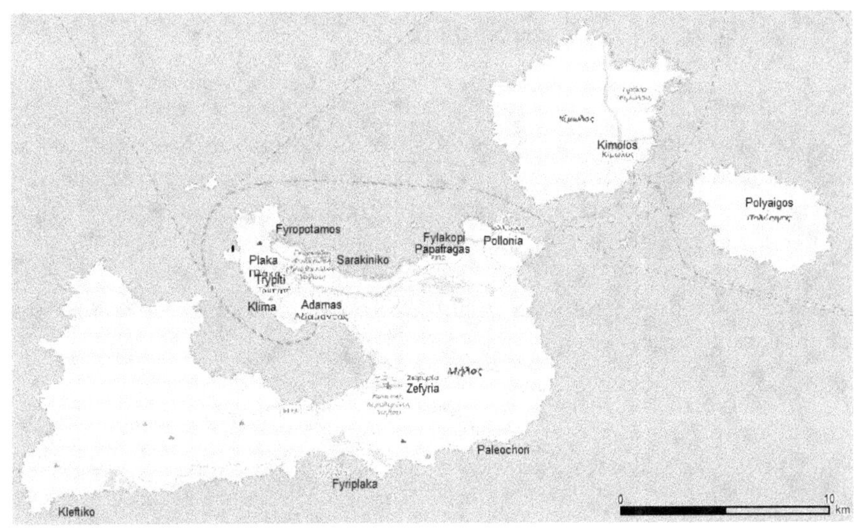

Mappa di Milos, Kimolos e Polyaigos

Sull'autore

Denis Roubien ha un dottorato in Storia dell'Architettura e è professore nell'istruzione superiore, nonché appassionato escursionista culturale. Le escursioni a cui partecipa, insieme ad altre esperienze di viaggio, sono registrate nei suoi libri.

Grazie per aver letto questo libro. Se avete il tempo, un commento sarebbe molto utile.